LOS CUADERNOS PERDIDOS DE ROBERT WALSER

DIEGO ROEL

LOS CUADERNOS PERDIDOS DE ROBERT WALSER

XXXVI Premio Internacional de Poesía
Fundación Loewe

VISOR LIBROS

VOLUMEN MCCXVIII DE LA COLECCIÓN VISOR DE POESÍA

Los miembros del jurado fueron: Víctor García de la Concha (Presidente), Gioconda Belli, Antonio Colinas, Aurora Egido, Juan Antonio González Iglesias, María Negroni, Carme Riera, Jaime Siles, Luis Antonio de Villena y Reiniel Pérez Ventura (ganador de la anterior convocatoria).

Cubierta: Kazimir Malévich. *Hombre corriendo*

Edición al cuidado de Nicole Brezin

Isaac Peral, 18 - 28015 Madrid
www.visor-libros.com

ISBN: 978-84-9895-518-7
Depósito Legal: M-1342-2024

Impreso en España - Printed in Spain
Gráficas Muriel. C/ Investigación, n.º 9. P. I. Los Olivos - 28906 Getafe (Madrid)

Uno debería ser como una flauta
en la que toque cualquier viento.

Robert Louis Stevenson

LOS CUADERNOS PERDIDOS

Todo es nuevo y no lo es.

Robert Walser

WALDAU

Sobre papel de desecho, sobre
recortes de diarios y revistas,
escribo a lápiz —con una letra
minúscula— poemas y relatos.

El mundo se olvidó de mí.
Yo me olvidé del mundo.

Ahora todo me parece
infinitamente mágico.

VIDA SOLITARIA

Lejos del camino, encerrado
en esta habitación, leo y releo
el libro de Silesius.

¿Acaso mi alma es límpida
como un cristal?
¿Mi cuerpo nació del barro?

Benévolo lector:
el animal mira un trozo de tierra
y no comprende que en toda forma
habita una plegaria silenciosa.

Yo solo anhelo llegar a ser
luz que se expande hasta morir.

EL PASEO

Apunto en mi cuaderno el detalle
de todo lo que me rodea.

Hablo de lo que tengo ante los ojos,
describo lo que toco y siento.

Veo en lo pequeño y en lo débil
cosas que nadie se atreve a vislumbrar.

¿Cómo puede algo o alguien
perderse y perecer?

SOY COMO EL OBJETO MÁS INSIGNIFICANTE

En aquello que cae me afirmo
y crezco.

Quiero olvidar y ser olvidado.

Me disuelvo en la percepción
del paisaje, me hago invisible.

WAS VORÜBER IST, NICHT MEHR

Es poco lo que necesito y deseo,
y es mi voluntad, desde ahora,
procurármelo yo solo:
la cálida luz del sol, el agua del arroyo,
bajo mis pies el firme o inestable suelo.
Eso, un refugio tranquilo.
No necesito nada más.

LOS HOMBRES SON LOBOS

Después de una brusca caída
aparecí en el mundo.

Mi cuerpo es una flauta que atraviesan
lejanos vientos.

En esta batalla
quiero volar como un jinete.

MICROGRAFÍA

Cada paso que doy es
una experiencia.

Dejé atrás la vida de los hombres.

Pájaro que visitas mi ventana,
yo te bendigo.
Botón de mi camisa,
yo te bendigo.
Luces y sombras del camino,
yo las bendigo.

Sí, amo la piedra en mi zapato.

ANTE LA PINTURA

Mi hermano cuando pinta transforma
en imágenes vivas todo lo que ve.

En sus cuadros el sol se mezcla con el mar
y el negro se aparta siempre del cielo.

Él sabe muy bien que en los colores
resuenan melodías, que en toda dicha
hay un atisbo de dolor.

Paso muchas horas en su estudio
observando cómo mezcla los pigmentos,
cómo su ojo capta fugazmente la belleza,
cómo luchan sus sentidos para fijar
lo disperso en algo estable.

VIDA DE POETA

Me vi obligado a paliar los efectos
de una educación defectuosa.

Tuve que calcinar mis pestañas
en las bibliotecas municipales de Berna.

Todavía soy incapaz de expresar
toda la perfección e imperfección
de las cosas.

El poeta tiene que ser astuto
como la serpiente, sencillo
como la paloma.

CARTA A KASPAR HAUSER

Leí en la novela de Jakob Wassermann
que te daban asco la carne y la leche,
que solo te alimentabas con agua y pan,
que un niño moribundo te arrebató
la cuna y el nombre.

¿Recuerdas las mazmorras de Laufenburg?

Hermano, yo también quise ser un jinete.
Yo también amaba los caminos del bosque,
los pájaros negros, el verdor del follaje.

Pero mi escondrijo no está bajo tierra.
A mí no me robaron un reino.

Algún día me gustaría visitar
el lugar donde yaces.

Te escribo estas líneas para decirte
que te espero en otro verano, en otro
jardín, en otra curva del sueño.

CARTA A THERESE BREITBACH

Querida amiga,
me disculpo por no hacer más que pasear
mientras tantos otros trabajan y ejercen
sus serias profesiones.

Lo reconozco, soy un inútil.

Prefiero salir a la calle y ver
lo que se agita allá afuera.
Prefiero perderme en el bosque,
tumbarme bajo un abeto centenario:
allí te encontré una vez, ¿recuerdas?

Me disculpo sinceramente.

Ya lo sabes, lucho con un profundo dolor.
No puedo hacer más que pasear el día entero
y escuchar en silencio lo que murmura el paisaje.

¿No has oído nunca lo que se dicen los pájaros
un instante antes de la tormenta?

Tú también deberías salir y perderte
en los estrechos senderos.

ÚLTIMA CARTA A FRIEDA MERMET

Frieda, ven pronto a verme, a pie.
Te mostraré la campiña circundante:
es tan hermosa.
Vamos, cálzate las botas y toma
el camino del sur.
Ven pronto, antes de que nos alcance
la miniatura de la muerte.

Estimada, lamento infinitamente
que estemos tan lejos.

Deja que mis palabras te abracen.

CARTA A CARL SEELIG

Apreciado amigo,
tus esfuerzos para sacarme de la clínica
resultaron infructuosos.

No te preocupes, mi vida se derrumbó
hace mucho tiempo.

Encerrado entre estas cuatro paredes
soy como una rata en una jaula:
necesito salir al aire libre.

Casi me he convertido en un fósil.

Por favor, escríbeme pronto,
o ven a visitarme.

LO QUE DIGO ES UN ENIGMA

Somos apenas una imagen.

Miren el punto dentro del círculo:
observen ese móvil punto fijo.

Todo lo que se va retorna.

¿No sienten en los huesos
el peso del planeta?

Olviden las formas del mundo.

TODO LO EXTERIOR SE VOLVIÓ UN SUEÑO

Contemplando desde aquí
la tierra y el aire y el cielo
comprendo al fin que lo de arriba
y lo de abajo
son una sola y misma cosa.

YO AMO Y VENERO LOS HECHOS

Nada quito y nada añado.

Nunca trazo una línea entre lo real
y lo irreal.

Todo lo que aprendí
lo eché en un saco.

No quiero ser Robert Walser.

EVANGELIO DE TOMÁS

¿Me parezco al aire que rompe las jaulas y las telas?
¿Al viento que quema el jardín de las rosas?
¿A los muros de arsénico, a la niebla y al humo?
¿O a un ángel, a un filósofo, a un hombre sabio?

Sus bocas no podrán decir a qué me parezco.

FINAL DEL DÍA

Dejo en esta curva del camino
flores y semillas de hibisco.

Ato mis cordones, me ajusto
el cinturón.

Alzo los ojos al cielo:
quiero gozar de la luz del regreso.

DIARIO DE 1926

Nunca nadie vio un color así,
ni árboles tan altos:
álamos y pinos, robles y cerezos.

Verde florece el verde.

Como la camisa que la aldeana
abandona en la corriente,
así mi alma en este suelo se desata.

CANCIÓN DEL SOLDADO

Antes que caiga la tarde
voy a partir, voy a morir
antes que caiga el día.

¿Ya muerden mis ojos el pasto?

Voy a partir.

¿Me lleva el aire en su caballo?

Voy a morir.

VINO LA LLUVIA Y DIFUMINÓ LA IMAGEN

Vino la lluvia y difuminó la imagen
de los montes de Appenzell.

Solo se ve en el cielo
la herida borrosa de la luna.

IGLESIA ROMÁNICA DE AMSOLDINGEN

El agua del embalse
se llenó de flores.

Me sumergí buscando
las luces del otoño.

Y soñé con peces de niebla,
con la huella indistinguible
de blanquísimos caballos.

ARCHIVO MUNICIPAL

Encerrado en esta oficina,
clasifico cartas que no llegaron
a destino.

Fatigo mis ojos hasta encontrar
aquel punto donde la luz refracta
y expande su latido.

Yo siempre tuve una mirada
microscópica.

CANCIÓN DE INVIERNO

Cuando muera
entiérrenme en el bosque
o entre los juncos del agua.

No quiero morir en la ciudad:
no me adornen ni me vistan,
no me cubran con mortajas.

Dejen mi cuerpo en la nieve
o entre los juncos del agua.

CIELO DORMIDO

El sol no es un halcón de vidrio.

La luz no cabe en un vaso.

Miren: soy un pequeño guijarro.
Mejor: una mota de polvo.
No: aquella sombra en el río.

Soy aquella sombra
en el fondo del río.

AMO EL REPOSO Y TODO LO QUE REPOSA

En el margen de una hoja de papel
incubo el eco de lejanos sueños.

¿Debo narrar lo inefable, hablar
del objeto más humilde?

Siempre fui tímido y retraído.

¿Tengo que imitar a las flores del campo?

No están en condiciones mis zapatos,
pero yo solo ansío perderme a pie
donde las luces se extinguen.

VIAJE AL NORTE DE SUIZA

Voy a sentarme en el claro del bosque.

Nadie va a venir a buscarme.

Voy a dormirme en la pradera nevada.

No va a venir nadie.

DIARIO DE BERNA

A los cuarenta y cinco años,
como si fuera un niño, aprendí
a escribir de nuevo.

Tardarán décadas en descifrar
esta intricada red de signos.

Mi mano busca ahora la progresiva
disolución de la letra.

El lápiz es un pincel y un cuchillo.

NO PUEDO DESPERDICIAR NI ESPACIO NI TIEMPO

Le digo que sí a toda imagen
de vida y de muerte.

Vengan a mí, posibilidades infinitas.

Antes de que me levante para ir a casa,
antes de que se despierten las sombras.

VARIAS VECES ESTUVE A PUNTO DE MORIR

Salgo a caminar y me confundo
entre la tropa de mis personajes.

Todo cambia constantemente.

El sol gira como un trompo en mi cabeza.

Varias veces estuve a punto de morir.

Las cosas son más bellas
vistas desde afuera.

SOLO PUEDO HABLAR DE LO QUE HE VIVIDO

Antes de franquear el umbral del hospicio
te pregunté, hermana:
«¿Estaremos haciendo lo correcto?».

Tu silencio fue elocuente.

Yo siempre me sentí
un erizo.

La locura tiene un encanto indecible.

SANATORIO MENTAL

Los animales del bosque profundo
saben lo que se esconde
detrás de los muros de hiedra.

No dicen nada.

TORRE DE TUBINGA

Amo las flores y el aroma de las flores.
Amo los árboles, la madera y la viruta
de la madera.
Amo la luminosa calle y sus faroles,
este apacible camino rural.

Pero sobre todo y más que todo
amo el color de las vocales.

A negra, E blanca, I roja, O azul, U verde.

También me jacto yo de poseer,
como aquel alquimista del verbo,
todos los paisajes posibles.

LA CONFIANZA ES ALGO ESPLÉNDIDO

Los insensibles nunca entenderán
lo que digo.

No me importa, una mujer lejana
en este momento piensa en mí:
ni siquiera recuerdo su nombre.

Estos poemas son meros esbozos.

Mientras escribo mi letra se achica
casi hasta desaparecer:
solo distingo rayas y puntos.

HOTEL BLAUES KREUZ

Detesto a los que se pasean por el mundo
con un nimbo de heroísmo y santidad.

Prefiero ser modesto y pueril, un observador
tranquilo y silencioso.

No voy a vaciar mi corazón en el lenguaje.

BAJO LA SOMBRA DE KEATS

Intenté alcanzar la inalcanzable rama.

Estiré los dedos, giré en puntas de pie.

Apliqué mi cincel a la piedra más dura.

EL ESTANQUE

Me mantengo siempre en el borde.

Me quedo ahí, donde un abismo
llama a otro abismo.

Mi nombre nunca fue
una casa sólida.

La nieve, que todo lo borra,
me borrará del mundo.

WINTERREISE

Voy a caminar hasta encontrar
las huellas del corzo.

Mi bastón no me llevará mucho más lejos.

Durante más de veinte años
vagué errabundo por las colinas del sueño.

Pronto termina mi viaje:
que no ladren los perros, que las hojas del olmo
no toquen el suelo.

Gute Nacht, Gute Nacht.

Las puertas están cerradas.

HERISAU

Sobre papel de desecho, sobre
el dorso del calendario del año
pasado, me pongo a escribir
—con una letra minúscula—
poemas y relatos.

Traduzco voces, tañidos, palabras
que nadie dijo aún.

Benévolo lector:
puedes quedarte un rato más
mirando mi pobreza.

25 DE DICIEMBRE DE 1956

Todo se hunde y derrumba:
las casas, el monte y el cielo.

El viento siega los juncos.
Los ojos se apagan.

La tarde cae en un pozo.

Mi cuerpo parece en la orilla
un breve espacio olvidado.

ESCRITO A LÁPIZ

Quien no tiene carencias
carece de todo. La completud
es una forma de podredumbre.

Robert Walser

I

Llanto y caducidad de las cosas.

II

Se alza mi mano y borra
la tenue luna de invierno.

III

En esta comarca remota
imito canciones de antaño.

IV

Guardo en mi alforja
una esterilla y manzanas.

V

El día relumbra como un santo.

VI

Una lagartija irrumpe en el cuarto:
me mira con los ojos de mi padre.

VII

La noche se atrinchera en el monte.

VIII

Como una prisión se cerró sobre mí
la noche.

IX

Abro la ventana y se dispersan
las imágenes.

Cierro la ventana y mi memoria
resplandece.

X

Bajo la nieve mi cuerpo se pudre.

XI

Soy pasto de los vientos.

XII

Me abatieron las lluvias de invierno.

XIII

Templo de luz:
ilumíname.

XIV

El guardián del umbral me impide el paso.

XV

Antorcha de la noche:
llévame.

XVI

Yo te sentí *cauterio suave,*
regalada llaga.

Yo te sentí.

XVII

Estirado hasta el cansancio el borde del lenguaje.

XVIII

El día cae como rayo.

XIX

Descanso bajo los abetos.

Mi boca aspira y luego suelta
la fragancia helada del bosque.

XX

Esta flor en mi jardín brilla más
que el eje del carro del Faraón.

XXI

Antes de dormir llamo, en voz baja,
a mi ángel de la guarda.

Beshém malají askílah bedérej tamím.

XXII

Llanto y caducidad de las cosas.

ÍNDICE

LOS CUADERNOS PERDIDOS

ESCRITO A LÁPIZ

Esta primera edición de
Los cuadernos perdidos de Robert Walser
se acabó de imprimir
el 25 de enero de 2024
en Madrid.